Pensamientos
Reflexionando sobre la depresión

Buscando el camino hacia la felicidad: una pequeña historia de un niño

Juan Richard de León Márquez

EDIQUID

PENSAMIENTOS
REFLEXIONANDO SOBRE LA DEPRESIÓN
Buscando el camino hacia la felicidad:
una pequeña historia de un niño

Editado por: Corporación Ígneo, S.A.C.
para su sello editorial Ediquid
José Olaya 169, ofic. 504, Miraflores. Lima, Perú
Primera edición, junio, 2024

ISBN: 978-612-5142-98-6
Tiraje: 50 ejemplares

Hecho el Depósito Legal en la Biblioteca Nacional del Perú N° 2024-05245
Se terminó de imprimir en junio del 2024 en:
ALEPH IMPRESIONES SRL
Jr. Risso Nro. 580 Lince, Lima

www.grupoigneo.com
Correo electrónico: contacto@grupoigneo.com | Teléfono: +51 955 071 270
Facebook: Grupo Ígneo | X: @editorialigneo | Instagram: @grupoigneo

Colección: Integrales

Contenido

Prólogo 5
Buscando el camino hacia la felicidad 6
El camino hacia la felicidad está en tu interior, a través de la propia decisión de ser feliz 12
¿Consideras que eres feliz viviendo de esta manera ahora? 18
Demuestra tu amor hacia una persona, porque a veces, una palabra de amor hacia otro alegra el alma 21
Tu mente será la que te haga pensar y razonar cómo lograr la felicidad, y tu rostro te mostrará en qué momento eres feliz 23
¡Solo tú no ves lo extraordinario que eres! 28
Tu mente debe comprender que no necesitamos buscar la perfección en nosotros mismos para ser felices 32
Variedad de circunstancias por las cuales ocurre la depresión 35
Libérate de la depresión, escucha tu música favorita 42
La historia de un niño que se anima a superar su depresión 49
Epílogo 53

Prólogo

Se revela la perspectiva sincera de alguien que, a pesar de no ser un experto, ha experimentado de cerca la depresión. El autor destaca las posibles causas y cómo la mente, en este estado, lucha por aceptar la realidad. Invita al lector a contrarrestar este problema tan prevalente en la humanidad, ofreciendo un camino hacia la felicidad como solución a los desafíos que la vida presenta.

Buscando el camino hacia la felicidad

Puedes sentirte exhausto, deprimido y sin fuerzas para seguir adelante, y, por supuesto, sería incorrecto de mi parte afirmar que es fácil salir de un estado depresivo. Solo aquellos que han estado o están en ese estado podrán entenderlo en realidad. No obstante, se pueden tomar medidas para mejorar y tratar de comprender qué hacer en esta situación. Este es un tema que ha preocupado a muchas personas, ya que muchos no entienden cómo sucede y no se percatan de que hay gente sumida en la depresión. Por lo tanto, es importante estar preparados y no ser tomados por sorpresa en relación a este tema.

«¡Nadie es inmune a que le suceda!».

Este problema no avisa y no discrimina por clases sociales. Es tu responsabilidad reflexionar para buscar una mejor calidad de vida. Sé que es muy difícil explicar cómo se siente estar así. Es cuando tu mente comienza a ver todo lo contrario de lo que has conocido hasta ahora. Es como si estuvieras reflexionando sobre aquello que tu mente había estado ocultando por alguna razón y no quería admitir, y que tampoco quería abordar el tema. Ahora te mostrará todo el daño que tienes escondido, donde se encuentra la misma oscuridad. Es una realidad que todos tenemos, donde nadie quiere que los demás lo vean. «¡Porque tienen un escudo invisible!». Pero si esa frontera imaginaria se levantara, te mostraría la otra parte de ti, donde tu mente guarda todos tus fracasos y decepciones.

Sin embargo, es en esa última decepción cuando tus pensamientos alcanzan su límite. Ahí es donde necesita desahogar todos sus traumas, y tu mente ya se siente desbordada y no quiere seguir así, ya no soporta más esta situación. Es en ese momento cuando aparece la depresión, una parte de ti que no conoces. «¡Un lugar donde nadie quiere estar!». Una vez que tu propia psiquis supere ese límite y te encuentres en ese estado, comprenderás las circunstancias por las que otras personas también han estado o están pasando, y podrás entender lo difícil que es. Y no digas «nunca me tocará estar en ese estado de depresión», porque, aunque no lo creas, incluso la persona que menos piensas puede o pudo haber estado ahí, solo que muy pocos son capaces de admitir que su mente estaba confundida.

Si estás en ese punto ahora, donde sientes que tu forma de pensar difiere de la corriente en general, y las cosas que son importantes para esta sociedad no lo son para ti, enfrentarás una dificultad considerable al intentar explicárselo a los demás. Ellos no estarán dispuestos a entender tu situación actual, no comprenderán de ninguna manera lo que estás pasando en este momento de tu vida, y por más que intentes explicarles, no podrán ver tu perspectiva, pues ellos creen tener una razón absoluta, algo que su mente no ha llegado a experimentar en realidad. Te desesperas al intentar explicar lo que ellos no ven, y es ahí cuando te das cuenta de que estás solo en tu lucha, que has perdido el control de tu vida y caes en un estado de profunda tristeza y desesperanza.

Es importante buscar apoyo de un experto que pueda comprenderte y ayudarte a salir de esta situación. No te sientas culpable ni humillado por necesitar ayuda, todos enfrentamos dificultades en algún momento de nuestra vida, y es valiente buscar asistencia. Sentirse así es como estar rodeado de mucha gente, pero ninguno de ellos piensa ni actúa como tú. Solo tienes que entender que estás en un proceso para contrarrestar tu problema actual, por lo que estás experimentando en este momento.

Es ahí cuando te das cuenta de que tu mente está confundida y te sientes más cómodo estando solo, porque los demás te confunden aún más. Y te encuentras en una sociedad en la que la gente no tiene escrúpulos, juzga lo que no conoce y donde muchas veces solo opinan por opinar, sin conocer todos los detalles.

¡No se imaginan lo difícil que es estar en una depresión! Tienes que aceptar que ya no serás el mismo. Son observaciones en las que tus pensamientos comprenden que tu mente ha hecho una limpieza mental de ti mismo/a, dejando solo arraigadas todas las frustraciones y derrotas. En realidad, admites sentirte destrozado al observar cómo tu subconsciente te revela y muestra la verdad de tu realidad y lo que en realidad eres, te cuesta admitir quién eres.

Con el paso de los años, tu propia mente ha guardado información que no querías admitir que sucedía, y ahora en este momento te está mostrando lo que ella observaba. Parece que tu inconsciente estaba llevando a cabo un estudio sobre tu historia personal dentro de la sociedad, explorando quién eres en verdad. Llega un momento en el que tu mente se revela y ya no puede soportarlo más; cuando ya no desea vivir con mentiras y anhela experimentar su propia realidad.

Es una etapa de destrucción y reconstrucción en la que puedes perderte y confundirte, ya que tu mente está demasiado ocupada tratando de entender y reflexionar. En este estado de vulnerabilidad, te das cuenta de lo frágil que eres, sin importar cuánto intentes ocultarlo. Es en ese momento cuando necesitas a alguien que te guíe, alguien que te ayude a encontrar la fuerza y el coraje para superar esta batalla interna.

Porque, sin ese apoyo, es difícil encontrar el camino hacia la superación personal. Es un estado de ánimo en el que tu mente siente que estás al límite del desastre personal. Tu autoestima se encuentra muy baja, tu estado de ánimo no es el adecuado y, aunque estés acompañado, igual te sientes solo. Tu mente está envenenada y desorientada por completo, sin motivación, donde te resulta indiferente cualquier cosa. Es un estado muy negativo. Pareces obsesionada con el último trauma, por lo que, en el momento actual, te encuentras en un lugar donde no encuentras comodidad, donde las palabras de los demás carecen de sentido alguno, tu mente no reacciona y nada te produce satisfacción. Te sientes inútil, sin fuerzas para seguir adelante, desilusionado de la vida misma, donde nada tiene sentido para ti. No deseas ayuda, no quieres estar con nadie, tu mente no reacciona y nada te estimula.

Y poder cambiar ese estado emocional parece difícil. ¡Pero no es así! No podrás comprender la depresión de alguien si no has experimentado algún episodio similar en tu vida. Es ese estado personal destructivo en el que tu mente queda desorientada, donde tus propios pensamientos te traicionan, porque parecen querer autodestruirse, y no encuentras una solución. Parece fácil contrarrestar esos pensamientos, pero es cuando necesitas la ayuda de un profesional en el tema. La salud mental es fundamental y entender que necesitas asistencia, así como admitirlo, es un paso importante en este tema.

Muchas veces, un divorcio inesperado, la muerte de un ser querido o una enfermedad maliciosa, son razones por las cuales la mente puede desequilibrarse. Hay impactos en la vida que pueden ser difíciles de enfrentar. En algunos casos, podemos ser víctimas de situaciones difíciles, como el suicidio, y debemos estar educados sobre este tema. Debemos ser comprensivos con este problema que afecta a la humanidad, de lo contrario será difícil superarlo. No se trata de ignorar el tema, sino de abordarlo y buscar la manera de revertir ese estado incomprendido.

La primera persona que debe entenderlo es la que lo sufre, porque nadie más que esa persona sabrá en qué circunstancias se encuentra. Es difícil admitir que se necesita ayuda, porque la mayoría de las personas no quieren que los demás piensen que están locos. Existe un concepto negativo cuando se necesita un médico psiquiatra, quien es el profesional que prescribe medicamentos para cambiar tu estilo de vida, para poder relajarte y permitir que tu mente reaccione de manera diferente, y para que puedas hablar con esa persona sobre tus pensamientos acerca del tema, lo que en realidad sientes, y así encontrar el camino. ¡Debes hablar con un profesional! Ellos pueden brindarte la confianza necesaria y todo lo que compartas con ellos quedará entre ustedes, sin que nadie más lo sepa.

Si ese psiquiatra considera que no es suficiente con la medicación y cree que necesitas un estudio y tratamiento más avanzado, te derivará a otro profesional, en este caso, a un médico especializado en salud mental. A diferencia de lo que puedas suponer sobre la salud mental, se trata de un psicólogo que analizará más a fondo tu vida personal. Él estudiará tu caso para comprender mejor tu situación, y así podrás mejorar tu estado de ánimo, abrir tu mente y hablar de cada pensamiento que te cruza, por más absurdo que te parezca.

Contar lo que pasa por tu cabeza es la solución. Esa persona no te va a cuestionar, solo te escuchará y te guiará con sus preguntas. Cada respuesta de tu parte será una respuesta que te haga razonar. Es un debate mental en tu mente, donde debes superar tus barreras mentales y liberarte de las cadenas del pasado, para adaptarte a tu realidad actual en este momento, donde tu mente está bloqueada y no encuentra el camino adecuado.

Reconocerlo con tus propias palabras, te ayudará a comprender y revelar el verdadero problema por el cual te encuentras ahí. Encontrarás una actitud adecuada, para que tú mismo obtengas tu respuesta, un autoaprendizaje, una conducta y una estrategia para encontrar una mejor calidad de vida, y comprender cuál es la solución a ese problema. Por eso, no esperes que la solución llegue por sí sola.

Muchas veces, por más que te esfuerces, no puedes salir de ese estado, ya que tu mente sigue dando vueltas y acaba bloqueada sin encontrar una salida. Solo un profesional puede comprenderte, ya que, si le explicas a alguien ajeno a su conocimiento, no te entenderán. Aunque te esfuerces y les expliques a los demás, puede resultar inútil, pero el profesional te irá explicando a medida que las sesiones vayan pasando. Tú con esa persona te irás relajando, y será como conversar con tu mejor amigo, porque entrarás en confianza y podrás explicar lo que te sucede en realidad. De lo contrario, es cuestión de tiempo para que ambos busquen la forma de salir de ese problema que tienes ahora, donde tienes que rescatarte y cerrar heridas difíciles de cicatrizar.

También debes superar tu barrera mental, liberarte del pasado y ajustar el presente a tu estilo de vida. Reflexionando y esforzándote, encontrarás la evolución necesaria para hallar tu camino, donde tienes la posibilidad de revertir ese estado de depresión. Tienes que empezar a creer más en ti para así lograrlo.

El camino hacia la felicidad está en tu interior, a través de la propia decisión de ser feliz

El camino hacia la felicidad está grabado en tu interior, solo debes encontrarlo. Es un estado de ánimo que experimenta cada persona cuando la emoción de la alegría hace que una sonrisa emane desde el alma. ¡Tu rostro lo dice todo! Tu cuerpo reacciona de manera espontánea, sin previo aviso, disfrutando del momento de algo que no puedes explicar, y que no puedes controlar, simplemente sale de manera natural, sin ningún esfuerzo. Y en ese momento no eres consciente de que has alcanzado un estado de ánimo de felicidad, aunque sea por unos minutos. Descubrimos esa felicidad desde el día en que nacemos. Desde pequeños, alguien nos saca la primera sonrisa y disfrutamos de nuestra alegría, pero no sabemos cómo alcanzar ese estado. Y hay un momento en el que sientes una sensación distinta a las demás, es cuando alguien te regala un presente, donde saltas de alegría y te diviertes con esos juguetes, hasta que llega el momento en que te aburres y los dejas de lado. Pero, cuando te regalan otro nuevo juguete esa alegría regresa y es entonces cuando descubres algo.

¿Qué descubres? Cada vez que te obsequian un nuevo juguete, vuelves a sentir esa emoción, por lo que esperas con ansias esos regalos para saltar de alegría. Después, experimentas una sensación distinta cuando te traen un amiguito para jugar. Al compartir con otros, descubres que esa experiencia es única. Esperas con impaciencia la llegada de ese amiguito para poder jugar juntos. A medida que pasa el tiempo, te enseñan a competir en juegos contra tu amigo. Son esos momentos en los que sientes emoción y tu corazón salta de alegría al ser el ganador, sintiéndote el mejor. Así, cada vez que participas en una competición, lo haces con el objetivo de ganar y alcanzar esa emoción de alegría y satisfacción.

Sin embargo, la felicidad completa es difícil de conseguir; aunque esos momentos son increíbles, el ser humano nunca está satisfecho con lo que ha logrado. Puedes experimentar la felicidad de muchas maneras, como haber obtenido una victoria en algo que deseabas, pero esa euforia solo dura hasta que deja de interesarte.

¡Como siempre, ese pensamiento de felicidad puede perdurar hasta que te enfrentes a algún problema que afecte tu vida! Por eso, ese estado emocional casi siempre es temporal, ya que tarde o temprano desaparece. Los seres humanos llevan décadas buscando la felicidad, pero muy pocos la logran mantener durante un largo período de tiempo. Ser feliz depende de la forma en que cada persona piensa y de lo que desea en su vida. Puedes encontrar la felicidad en cosas sencillas, pero si aspiras a grandes logros y tienes metas desafiantes, ambiciosas en tu vida, debes estar dispuesto a enfrentar los retos que conllevan. Es entonces cuando esa felicidad estará acompañada de un reto adicional, y tendrás que descubrir cómo sostener en el tiempo esa alegría.

En el camino que has elegido, te encontrarás con obstáculos que a menudo te frustrarán al no poder superarlos. La obtención de la felicidad depende de tus expectativas sobre la vida. Muchos necesitan recurrir a otros métodos para ser felices. Algunos, en algún momento, se confunden porque experimentaron que, por ejemplo, al consumir alcohol, se sentían alegres y lograban divertirse. Como resultado de esto, muchas personas se vuelven adictas al alcohol, ya que sus mentes aprenden cómo obtener de manera rápida ese estado de ánimo que las hace sentir alegres.

Algunos requieren estímulos diferentes y buscan otras drogas, pero cada vez les resulta más difícil alcanzar ese estímulo con la misma dosis, y terminan volviéndose adictos a esa sustancia. Mientras tanto, hay otras personas que encuentran felicidad en algún deporte, lo practican y de esa manera logran distraerse y sentirse agradecidos, lo cual les permite encontrar alegría por un momento.

¡Y bien, la respuesta a la felicidad está en tu mente! Será tu decisión cómo llevar tu vida para conseguir tu felicidad. Aunque parece un concepto fácil de explicar, en realidad es más complejo. Esa palabra involucra y encierra mucho más de lo que parece a primera vista; es un tema que nos lleva a cuestionarnos y dudar, preguntándonos en qué momento seremos felices. Sin embargo, es importante recordar que la felicidad no se encuentra únicamente en tener todas nuestras necesidades satisfechas. Implica encontrar satisfacción en nuestras relaciones y metas, ya que son estas las cosas que le dan sentido a nuestra vida. Es necesario encontrar un equilibrio entre nuestras responsabilidades y nuestro bienestar emocional.

La felicidad puede ser alcanzada a través de distintos caminos y métodos, pero depende de cada persona encontrar su propio camino hacia ella. ¿Necesitas comprobar si alguien te quiere para sentirte seguro de que eres feliz? ¿Te quedas atrapado en ese pensamiento, preguntándote qué hacer porque nada te satisface? ¿Te preguntas por qué ya no sientes lo mismo que antes, por qué esas cosas que solían divertirte y disfrutar ya no te satisfacen? Tu mente se pregunta: ¿En qué momento volveré a sentir esa sensación otra vez? Te sentirás extraño, sin saber qué hacer, quedarás aturdido sin respuestas. Habrá otras circunstancias en las que te sentirás confundido con tu pareja, porque parecerá que ya no sientes lo mismo y no sabrás qué sucede. Muchos no se dan cuenta de esto hasta que se separan de su pareja. Es en ese momento cuando tu mente reacciona y te das cuenta de que eras feliz con esa persona, solo que tu mente estaba dormida y confundida, pero basta con perderla para darse cuenta de que eras feliz.

La felicidad a veces te paraliza de tal forma que quedas en un estado de emoción constante, y al estar en el mismo nivel sin poder ascender, tu mente piensa que el amor se ha acabado.

También hay personas que buscan satisfacción personal de diferentes maneras al involucrarse en el consumismo, adquiriendo cosas para obtener una sensación de alegría y disfrute. A menudo, encuentran dificultades para lograrlo con las mismas compras, por lo que buscan diferentes cosas. Cuanto más tienen, más su mente se vuelve adicta a mantener esa felicidad. Siguen comprando más y quedan atrapados en un ciclo en el que no pueden detenerse, creyendo que la felicidad se encuentra por ese sendero, y vas dejando otras cosas en el trayecto, para buscar aquello que no puedes conseguir. Aunque opines que ese es el camino, parece que no estás disfrutando del momento para llegar a esa alegría. Lo tienes bien claro en tu interior, aunque no lo admitas y te niegues a pensarlo.

Debes buscar una manera distinta de alimentar tu felicidad. La encontrarás si evitas presionarte y te relajas. Tu mente es más sencilla de lo que parece; no necesitas muchas cosas para ser feliz. Las personas han olvidado cómo disfrutar de lo simple y lo sencillo. A veces nos negamos a hacer aquello que disfrutamos, a pesar de saber lo que nos hace felices. Por ejemplo, muchos encuentran placer en sentarse junto a un arroyo o en la playa para leer, pescar o hacer un asado y compartir unos tragos con su familia. Pero, no lo hacen y lo postergan por diferentes motivos, inventando numerosas excusas. Esto resulta muy contradictorio, porque cuando no nos sentimos bien, evitamos ser felices. ¡No dejes pasar más tiempo sin tomar esa opción que has estado evitando! Solo necesitas dar el primer paso.

En ese momento, debes motivar a tu alma para llenarte de energía y seguir el camino hacia la felicidad. Porque ahí es donde tu mente debe razonar con pensamientos claros y donde conoces tus gustos de manera precisa. A menudo, te niegas a dar ese paso, creando dudas en tu mente que te impiden ser feliz a pesar de saber lo que te hace feliz. Si no actúas a tiempo, llegará un momento en el que tu mente estará tan confundida que no sabrá lo que le agrada. ¿Por qué, sabiendo cuál es el camino, no lo tomas? ¿O es que no quieres admitir que ese es tu camino?

Luego, tenemos a esas personas que parecen felices, pero «donde muchas veces puedes confundirte». Solo te parece que esa persona es feliz.

En el fondo, también deseas ser como esa persona, pero eso es solo tu opinión. Vive tu propia vida, no la de los demás. Debes entender con claridad que no todo lo que brilla es oro. En realidad, no sabes cómo es su vida ni su realidad. En estos tiempos, todo es apariencia y las personas ya no muestran quiénes son en realidad. Muchas veces, cuando ves a alguien sonreír, eso no significa que sean felices, ya que muchos tienen problemas. No podrías creer cuánto ocultan detrás de esa sonrisa. En muchos lugares, hay una creencia errónea de que tener riquezas y lujos te hace conseguir la felicidad. «Con dinero puedes comprar felicidad», pero esa felicidad no es duradera, una vez que ya no tengas dinero, se acabará. La verdadera felicidad involucra muchos aspectos y, muchas veces, nos encontramos en situaciones incómodas debido a diferentes razones. Si sientes que no eres feliz y crees que seguir en ese camino no te llevará a la felicidad debes estar dispuesto a enfrentar lo que te hace daño.

Reflexiona y atrévete a enfrentar cualquier cosa para poder alcanzar la felicidad. Aunque te duela y tu mente esté confundida, encontrarás la respuesta.

«Tu mente tiene un plan, aunque no te lo diga, ya que cuenta con información y datos sobre lo que deseas y sabrá en el momento preciso cuándo se sentirá cómoda». Puedes soportar muchas cosas en tu vida, pero nadie merece seguir lidiando con la insatisfacción de su vida actual. Si no eres feliz, es mejor que te enfrentes, sin ninguna duda, al camino hacia la felicidad. Algo es seguro, a largo plazo te darás cuenta si estás en el lugar correcto o no. Podrías arrepentirte de no haber tomado la decisión antes hacia la felicidad. Por lo tanto, ahora sabrás si ese fue el camino que debías tomar. Evidentemente, en este momento sabrás si eres feliz o no, porque tu mente lo sabe. Si te engañas a ti mismo o estás confundido, necesitas desconectarte y buscar un lugar tranquilo, donde en tu interior puedas saber con certeza si eres feliz o no.

¿Consideras que eres feliz viviendo de esta manera ahora?

La felicidad consiste en encontrar la paz interior, mantener una mentalidad positiva y disfrutar de las pequeñas cosas de la vida. No es necesario tener grandes logros o posesiones materiales para ser feliz. Lo más importante es cultivar amor y armonía en nuestras relaciones personales y sentirnos en equilibrio con nosotros mismos. Es un camino que requiere esfuerzo y perseverancia, pero al final valdrá la pena. Así que no te conformes con una vida mediocre, lucha por la felicidad y no tengas miedo de empezar de nuevo. ¡Tú mereces ser feliz! Experimentar la felicidad es un disfrute de satisfacción y alegría, es un privilegio vivir en ese estado emocional. La realidad te indica que no se necesita mucho para sentirte feliz, solo tienes que estar dispuesto a que tu mente busque y te muestre cuáles son tus gustos y lo que más te satisface. No permitas que tu mente quede atrapada.

¡Sabes lo que te hace feliz! ¡Vamos, necesitas rescatarte, no eres el único al que le suceden cosas! A todos en algún momento nos sucede algo que bloquea nuestro pensamiento, donde podemos quedar atrapados de nuevo, pero lo importante es luchar para encontrar el camino hacia la felicidad. Disfruta el momento, no te cuestiones. ¡Sé tú mismo! Para poder disfrutar y alcanzar la felicidad, solo tienes que ser tú.

Depende de ti luchar por ser tú mismo. No necesitas aparentar ser alguien que no eres, debes enfrentar la realidad en la que estás viviendo. La vida siempre nos enseña lecciones y si no estás feliz, es porque hay algo que aprender. Si no eres feliz, no sigas ese camino. Ser infeliz hace que la vida se vuelva tóxica. Hay personas que llevan consigo algo del pasado que les impide disfrutar del presente, quedando dominados por esa situación. Su angustia por lo sucedido los sobrepasa y es en esa situación donde debemos aprender a dejar atrás el pasado, porque muchas veces nos impide ser felices, aunque esté a nuestro alcance y nos genera dudas en nuestra mente en ese momento.

Solo tenemos que quedarnos con las cosas buenas que la vida nos ha brindado para poder vivir en plenitud. Será necesario disfrutar de cada momento que podamos. Y en esas circunstancias donde la vida nos arranca una sonrisa, es ahí donde debemos disfrutarla como un gran tesoro.

En esos momentos difíciles que nos toca vivir, es ahí donde debemos pasar la página y abrir otro capítulo en nuestra vida, liberando nuestro corazón de angustias, para poder sentir alegría cuando nuestra alma encuentre el momento indicado. Y si hay alguien a quien tienes que escuchar, es a tus propios pensamientos, pues será con ellos que tu corazón te mostrará la felicidad. Por eso, deja las heridas de fracasos, decepciones y frustraciones muy lejos del presente, y traza otro camino, porque hay cosas que ya no tienen solución. ¿Por qué pensar en esos momentos malos, si ya no se pueden solucionar?

Por eso, tienes que cambiar tu manera de pensar, para poder guiarte por lo que tu mente entiende como felicidad. Disfruta de todo aquello que te brinde alegría, busca en lo más profundo de tu alma, ya que ella es más sabia de lo que aparenta. Debes intentar sonreírle a la vida, en ese momento en el que firmas tu felicidad, nutrirá tu alma. Sé tú mismo, trata de ser libre para hacer lo que quieres en realidad, sin violar las normas de la humanidad, ya que sin ellas habría un gran caos mundial.

Aprende a dar tu próximo paso sin miedo a lo que los demás digan, no temas a las críticas ¡Pues ellos nunca sabrán lo que has pasado!

Para que comprendan tu comportamiento, tendrían que haber experimentado lo mismo y vivir tu vida, de lo contrario, no entenderán. No tienes que demostrar nada, más bien convéncete de que creer en ti mismo fue la mejor decisión. Entiende que los errores, fracasos y decepciones siempre estarán a la vuelta de la esquina, porque de manera constante estamos aprendiendo algo en la vida.

Sé autocrítico, sin temor a nada, y evalúa en qué te equivocaste. Es necesario reconocer en qué momentos nos equivocamos para no volver a repetirlos. Esta será la manera en la que adquirirás conocimiento para enfrentar nuevos desafíos. Serás el juez de tu propia vida. ¡Y si no es así, crearás un fantasma de tus errores que te perseguirán a lo largo de tu vida, convirtiéndote en prisionero de tus propios actos! No hay peor castigo que tu propia mente te recuerde y persiga a lo largo de tu vida, impidiéndote disfrutar de los momentos bonitos y ser feliz. Si has aprendido algo en la vida, entenderás que para ser feliz no se necesita tener una vida sin errores, sino aprender de ellos y seguir adelante.

Demuestra tu amor hacia una persona, porque a veces, una palabra de amor hacia otro alegra el alma

En esencia, todos los seres humanos somos iguales y estamos conectados, solo que nacemos en diferentes lugares, épocas, circunstancias y somos criados de distintas maneras, con diferentes creencias. A lo largo de la vida, acumulamos una variedad de experiencias y frustraciones. En el camino, sufrimos daños y muchas veces nos equivocamos al elegir a la persona adecuada para nosotros.

A menudo, las personas esconden y camuflan su verdadera personalidad, como un lobo con piel de cordero. Son ese tipo de personas que dejan heridas en el camino cuando alguien descubre con quién estaba conviviendo en realidad. Alguien que no era lo que aparentaba ser. Así, la vida está llena de trampas, donde surge la desconfianza mutua, donde queda la duda si es amor o una corrupción del amor, donde lo que muestra amor no es lo que parece. La palabra amor solo tiene cuatro letras, pero encierra mucho más. Es una palabra fácil de decir, pero sentirlo es algo muy distinto. Y ni hablar si la escuchas de la persona adecuada y correcta.

Si ambos sienten lo mismo, ahí es donde forman un escudo contra los ataques que la vida pone para destruirlos. Si el amor es sincero, se convierte en un arma muy fuerte. Es difícil de derrotar, es una energía muy poderosa capaz de derribar a cualquier adversario, por más fuerte que sea. Porque, aunque pierdan millones de batallas, si aún persiste ese amor, es una confirmación de que es amor real, que son almas gemelas.

Todos deseamos ser amados por esa persona que consideramos especial para nosotros, y cuando no la tenemos a nuestro lado nos sentimos infelices. En la vida podemos acumular muchas posesiones materiales, pero si no contamos con el amor verdadero, no podremos alcanzar la felicidad. Este amor puede ser el de una madre, un padre, un hijo, un nieto, un abuelo, o esa amistad que consideramos tan cercana como un hermano.

Antes de pensar en elegir entre lo material y el amor, elige lo que sabes que te proporciona felicidad. A menudo, necesitarás que alguien te demuestre ese amor, pero no olvides que tú también debes demostrarlo. Además, no tengas miedo de manifestarlo, la vergüenza no es nuestra aliada en esta situación, ya que ese temor muchas veces impide que alguien sea feliz. Hay cosas muy sencillas por las cuales uno puede encontrar la felicidad. Por eso, tu mejor maestra es la vida, la mejor consejera es tu alma, y la mejor guía es tu corazón. Con él, descubrirás tus sentimientos más puros.

Tu mente será la que te haga pensar y razonar cómo lograr la felicidad, y tu rostro te mostrará en qué momento eres feliz

Por eso, sonríe a la vida porque te castiga cuando estás equivocado para enseñarte el camino hacia la felicidad. Deberíamos vivir en un mundo más educado sobre el tema de la depresión, ya que ha habido muchos suicidios debido a la falta de encontrar una solución a los problemas. Existe la posibilidad de revertir este tema. La experiencia y la vida te cobran un alto precio, pero te explican con hechos reales. Quedarás con el conocimiento que te permitirá ajustar tu vida.

Tienes que reflexionar y adoptar una disciplina para reconstruirte y encaminarte hacia una felicidad más comprensible. Busca en tu alma, ella conoce tus gustos. Deja de lado los prejuicios y déjala ser. Tu mente es capaz de cambiar tu forma de ver la vida. Todos dirán que ya no eres el mismo y, por supuesto, hay cosas que han cambiado, porque la vida, aunque tú no quieras, te irá modificando la forma de pensar y ya no serás esa persona que confía en todo el mundo.

Cada error que cometas te hará cambiar y tendrás que aprender a ser prudente. Si no lo haces, seguirás fracasando una y otra vez, hasta que comprendas, de una forma u otra, que en tu vida siempre debes estar atento en todo momento. Debes estudiar cada paso que des y calcular repetidas veces para poder avanzar, y aun así, podrías cometer errores. Muchas veces te ocurrirá que, a pesar de pensar que has tenido todo en cuenta, olvidaste considerar un pequeño detalle. Y en muchas ocasiones, ese detalle no será tan insignificante como parece, sino que será tu error porque nunca lo tuviste en cuenta.

En la vida te encontrarás con muchos momentos difíciles, pero tu mente encontrará la manera de superarlos y resolver ese problema. Hay emociones que a menudo nos meten en problemas, porque hay cosas que se sienten con el corazón y nos causan dificultades. Pero, para disfrutar esta vida hay que vivirla con el corazón y el alma, y esos dos son los que alimentan nuestro camino.

Tu mente te hará razonar en muchos momentos y tu experiencia entrará en contacto. ¿Quién tiene la razón en ese caso, tu corazón o tu alma? ¿Cuál sería el paso correcto a dar? ¿Cómo interpretar lo que tu alma te dice y lo que tu corazón siente al respecto? Tu corazón te pide acción y tu alma le pide a tu mente que piense antes de actuar. Te cuestionas si ese es tu camino, recordándote que tienes la habilidad de reflexionar y cambiar las cosas.

A medida que pasan los años, irás modificando tus creencias. La vida te presentará obstáculos para superar y te dará la oportunidad de elegir entre la espada y la pared. En muchas ocasiones, esto te llevará a cambiar de rumbo una y otra vez, hasta que llegue el día en que te des cuenta de que muchas cosas que pensabas que eran de una forma, en realidad eran de otra. Si buscas en tu interior, encontrarás las respuestas.

Tu mente puede tener sueños que oscilan entre la realidad y la fantasía, lo que quizás no te imaginas es que estos se basan en un gran secreto lleno de conocimientos, que se encuentran muy profundo en tu mente. Ahí es donde tu corazón y tu alma son cómplices, y todos ellos son los que conforman tu personalidad. Es el acceso al lugar más profundo de tu ser. Hay muchos misterios sin resolver en tu interior y una vez que los descubras, debes tratar de proteger esas respuestas. ¿Qué es lo que tu alma en realidad desea en tu vida, para ti? O más bien, ¿qué es lo que quieres tú?

Cada persona tiene un contenido único y tiene un propósito muy diferente en esta vida. Tu espíritu ha estado viajando y experimentando desde un pasado desconocido hasta este momento y sin explicación. Desde el momento en el que llegas y naces, es en ese instante cuando comienzas a avanzar hacia un futuro.

Es necesario enfrentar los momentos difíciles que la vida nos presenta, donde nos obligan a superar obstáculos para sobrevivir y adaptarnos con la información que vamos adquiriendo en cada desafío. Ahí es donde encontrarás la respuesta a muchas de tus preguntas. Esta información que vamos obteniendo se convierte en sabiduría y aprenderás a confiar más en ti mismo. Existen recuerdos que quedan grabados en el alma, sean buenos o malos, cada uno con un propósito, tenemos que recordarlos para superar algunos y alimentarnos de otros. Esos recuerdos irán emergiendo a medida que pase el tiempo, es toda la información que se encuentra presente en tu memoria, el recuerdo oculto en nuestro subconsciente.

Hay que considerar trabajar en tu intuición y sabiduría, ya que es tu interior el que te ayudará a salir de las dificultades. Aunque no lo creas, tenemos cualidades emocionales que aún no conoces, y con calma, paciencia y prudencia, puedes resolver y hacer que tu mente trabaje a tu favor. Es tu secreto personal y nadie puede conocer tus verdaderos pensamientos. Muchos de esos secretos los compartes, pero sabes muy bien que hay otros que no puedes revelar de ninguna manera. Tu mente tiene la cualidad de superar decepciones y engaños.

¡Y si reflexionas te darás cuenta de que todo pasa por algo! Cuando algo no está en su lugar y no funciona de manera correcta, es solo cuestión de tiempo antes de que deje de funcionar. Para poder desarrollar y controlar el aprendizaje de cómo funciona la sabiduría interna que nos ofrece este universo, es necesario conocer su poder y aprovechar esa sabiduría interna que forma parte de ti. Todo lo que nos sucede en la vida será para nuestro propio bien, aunque no lo entiendas en ese momento, descubrirás todo a su debido tiempo. Poco a poco podrás adquirir conocimiento, a medida que tu mente te permita razonar y ver a lo largo de los años. Será tu sabiduría interior la que te revele, sin que te des cuenta, si estás en el lugar correcto o si necesitas cambiar de rumbo.

Cada razonamiento que realices, cuando te enfrentes con un problema y encuentres una solución, te dará una pista de que fue tu subconsciente y tu sabiduría quien te la proporcionó, aunque no sepas que están presentes. Es una prueba para prevenir, es información que emergió de tu interior, de una experiencia previa. Al analizar el contenido de tu aprendizaje, verás que todo es parte de ti.

La verdad es que es un misterio cómo funciona nuestra mente y todo su razonamiento, ya que está camuflado de muchas formas. Para poder encontrar una mejor calidad de vida y cambiar nuestro futuro, es nuestra conciencia la que se desarrolla de manera automática a través de nuestro aprendizaje. Si no fuera así, muy pocos podrían encontrar el camino hacia nuestro próximo destino, y el corazón de este universo dejaría de funcionar, porque somos nosotros quienes lo hacemos palpitar.

Este mundo mágico tiene mucha energía transformada de diversas maneras, es un mundo místico y espiritual que pocos pueden comprender. Aunque seamos muchos, en realidad todos terminamos nuestras vidas sin saber hacia dónde partimos de este mundo. En realidad, todos somos especiales porque cada uno llega a este mundo con un propósito. Sin embargo, nunca sabremos cuál es nuestra misión. Cada error que cometamos y cada fracaso que tengamos en nuestra vida, cada vez que perdamos, otros ganarán y viceversa. Así es la vida, todos estamos conectados y colocados como las piezas de un gran rompecabezas, cada uno cumpliendo su función en esta misión y teniendo una meta que alcanzar. Nunca creas que no eres importante para este mundo.

¡Solo tú no ves lo extraordinario que eres!

Todos tenemos un propósito que cumplir en esta vida. Posees un poder oculto dentro de ti, capaz de resolver muchas cosas que pueden parecer imposibles. Una vez que enfrentes tus problemas y los superes, comprenderás y te darás cuenta de las dudas que tuviste por mucho tiempo. No importa lo mal que te sientas ahora mismo, tarde o temprano pasará, y con el tiempo te darás cuenta de que ese problema quedó en el pasado, como una gran lección aprendida.

Si piensas ahora en un problema del pasado, te parecerá insólito haber sufrido tanto por algo que en este momento te parece absurdo. Haber sufrido por algo que no podías resolver en ese momento, y tu mente muchas veces demora en admitir. Ahora tienes esa parte tan clara, que si lo hubieras sabido en ese momento, no te habrías frustrado y sufrido tanto. Pero la vida y el universo necesitaban que sucediera como te sucedió, para que estés en este momento leyendo esto. No sé por qué, pero lo estás leyendo y el universo tendrá sus razones al respecto. Descubre los engaños que la vida te presenta. Ella te dará pistas falsas para lograr su propósito, y tendrás que ir descifrando cada cosa que parece fácil en la vida. Muchas veces, las cosas no serán tan sencillas como las ves a simple vista.

Las dificultades las enfrentarás cuando llegue su momento, pero una vez que las superes, reflexionarás y te darás cuenta de que no eran tan difíciles. Cada tentación que enfrentes en la vida, deberás ser cauto y prudente, ya que será una pequeña trampa que la vida te presenta para observar cómo respondes y saber si has aprendido las lecciones que te ha dado.

Solo tienes que hacerle caso a tu alma espiritual, es la que te guía. Siente la vida con el corazón, es lo que te hace alimentar el camino con emociones indescriptibles, porque de manera natural brotará tu adrenalina para seguir luchando. Tu mente será tu estratega, resonará en cada paso que des y, cada vez más, estará a la defensiva. Aprenderás de cada error y de cada fracaso. ¡Y que nada es en vano! Existen límites y fronteras que no debes sobrepasar en la vida, y donde no debes humillar, pisotear ni maltratar a una persona si deseas tener una conciencia tranquila y alcanzar la felicidad.

Es muy importante tener el corazón en paz, ser sincero contigo mismo, encontrar tranquilidad en ser justo y buscar la mejor opción para hacer lo correcto. No dejes que tu subconsciente te recuerde de forma constante todos los errores y malas decisiones que has tomado. Muchas veces, a pesar de saber de manera clara lo que debes hacer, has hecho todo lo contrario. Debemos entender que hacer lo correcto es para nuestro propio beneficio. De lo contrario, la vida te castigará por causar daño colateral a tu entorno, y tarde o temprano tendrás que pagar por todos esos errores que dejaste como consecuencias en tu camino.

Las cosas suceden por alguna razón, y si pretendes ignorarlo, de todas formas, tendrás una deuda durante tu vida, la cual un día, cuando menos te lo esperes, surgirá para que la resuelvas. Fue una gran prueba impuesta por el universo para observar tu conducta en todo momento, tu proceder y tu actitud cuando la vida te pone entre la espada y la pared. Todo eso fue para evaluar tu comportamiento en momentos en los que te encuentras sin salidas, y para ver si eres capaz de traicionar a alguien y culpar a otra persona de tus errores con tal de salvarte.

Será esa prueba de fuego para entender si eres capaz de romper tu propio código moral y para observar tu miedo al fracaso, y que no eres capaz de hacerte responsable de tus acciones. Tu alma te dice que confíes en tu instinto y que asumas tu error, porque casi siempre es por miedo a lo que los demás dirán de ti.

En la vida siempre habrá una razón por la cual suceden las cosas, y si no haces lo correcto, le darás una razón al universo para castigarte de la misma forma que tú se las hiciste a los demás. Él te castigará cuando menos lo esperes, pero lo hará en el momento exacto para que entiendas cómo se siente estar en el lugar del otro. Por qué la vida y tu subconsciente te harán recordar en todo momento todos tus errores.

Por eso, es importante ser sincero con uno mismo, porque si no, te convertirás en tu propio verdugo. Solo habrás traicionado a tu alma, y tu mente nunca te dejará tranquilo, ya que ella parece castigarte por romper tus propias reglas personales, por hacer un mal movimiento en este juego de la vida, por querer zafar y no admitir tu error. Te creíste muy listo y solo dejaste en evidencia cómo eres en realidad.

Si es así, el universo te señalará como sospechoso de ser una mala persona. La vida a menudo te pone a prueba para mostrar tu verdadero carácter y te brinda la oportunidad y la posibilidad de hacer lo correcto. El tiempo te enseña que el universo coloca a cada uno en su lugar. Hacer lo correcto es la mejor opción que te brinda la vida, ya que llegará un momento en el que comprenderás qué tipo de persona eres en realidad, y entenderás que terminas en el lugar que perteneces según tus actitudes.

Nunca le des motivos al universo para castigarte, ya que requiere de ti una conducta ejemplar y que no cambies tu código moral. Y si no lo haces, el universo te presionará de múltiples formas hasta que comprendas que tiene toda una vida para enseñarte y explicarte, es muy paciente, no le importa cuánto tiempo te lleve aprender una lección de vida. Para que al final entiendas que la mejor forma de vivir es teniendo la conciencia tranquila. Reconoce que persistes en cosas inapropiadas y el universo te brindará una segunda oportunidad para remediar tus malos actos en la vida. Y si deseas ser feliz, debes tener la tranquilidad de tu subconsciente.

¡Simplemente haz lo correcto! Aunque no sea en beneficio tuyo en ese momento, con el tiempo comprenderás que fue la mejor decisión que tomaste, porque será para tu propio bien, para la paz de tu corazón y para tener esa conciencia tranquila. Y de esa manera, comprenderás cómo alcanzar la felicidad.

Tu mente debe comprender que no necesitamos buscar la perfección en nosotros mismos para ser felices

Cada persona tiene algo que la distingue de los demás, donde muchas veces las cosas que parecen errores son lo que nos hace únicos y especiales. Puedes pensar que tienes un defecto, pero para otros puede ser un atractivo. Cada uno de nosotros aspira a la perfección, pero en realidad, nunca podemos alcanzarla. Podemos ser buenos en algunos aspectos, pero en otros muy malos. Todos tenemos algo que aprender en la vida, y debemos esforzarnos por superar y conocer nuestros límites.

También debemos entender que no podemos saberlo todo; sería una meta imposible de lograr. Sin embargo, lo positivo es reconocer que debemos esforzarnos en romper nuestras propias barreras. Muchas veces, un evento inesperado puede dañar nuestra autoestima y orgullo, y es en esos momentos de destrucción donde tenemos que tratar de salir adelante. Cuando nos sentimos impotentes y vulnerables, es cuando nuestra mente debe reaccionar.

Con frecuencia, los seres humanos pueden volverse un poco egoístas al desear alcanzar lo que otros han conseguido, pero lo que no sabemos es que esa persona también puede estar enfrentando otros problemas, dificultades y errores que no quisiéramos tener. En estos tiempos, también nos enfrentamos a otros problemas; la apariencia física es un aspecto por el cual cada persona busca sentirse hermosa y querida.

A muchas personas no les favorece su aspecto físico, ya que por más que intenten cambiarlo, no logran conseguirlo. Hay que entender que todo lo bello, tarde o temprano llega a su fin, donde nuestro cuerpo envejece y nuestro rostro cambia, y su belleza se irá desvaneciendo.

Será entonces cuando te des cuenta de que lo que en realidad importa es la experiencia y el pensamiento interior, que hace que una persona sea muy diferente a las demás. Sin embargo, todos tenemos algo que nos beneficia y al mismo tiempo nos contradice en otros aspectos. Es evidente que esto se refiere a nuestra mente, donde guardamos muchos secretos sin resolver. Tenemos dentro de nosotros una gran cantidad de información que, en muchas ocasiones, desconocemos que poseemos. Esta información está consolidada y debemos reflexionar al respecto. Si nos negamos a enfrentar la realidad, debemos considerar que, si reflexionamos, podemos encontrar soluciones a nuestros problemas. Esto es algo positivo que todos poseemos, a pesar de no siempre reconocerlo. Seguro has escuchado hablar a alguna persona anciana, cuya dulzura y sabiduría al hablar nos cautiva.

Esto se debe a que han vivido una vida entera, durante la cual han experimentado muchas vivencias que los han perfeccionado.

Descubre cómo vivir tu vida de tal manera que puedas apreciarla y aprender a superarte a ti mismo. Esta sabiduría se va grabando en tu interior y se va mejorando a medida que aprendes con el tiempo, adquieres la experiencia necesaria para mejorar tus habilidades que se quedarán contigo. Depende de ti innovar tu mente y la sabiduría quedará en tu subconsciente. Cada persona tiene una mente que funciona de manera muy distinta a las demás, y tiene información que vamos adquiriendo en el transcurso de nuestras vidas.

Este lugar no se limita únicamente a corregir errores, sino también a aprender de ellos, siendo una manera sencilla de adquirir conocimiento para poder corregir nuestras fallas. Aquí, la mente queda en piloto automático al detectar con precisión un error, y con la experiencia, termina discerniendo si está en lo correcto o no. Ya sea porque estudiaste para mejorar las tareas de una profesión o hayas pasado por una experiencia y hayas aprendido a través de la prueba y el error, tu mente siempre se compara con la de otros, aunque no quieras hacerlo. Tu mente busca mejorar sus habilidades para practicar en el presente y expandir de manera constante sus habilidades de corrección para mejorar tu vida.

Tenemos la capacidad de razonar para mejorar, hay que aprovechar la oportunidad de analizar los errores y revisar las lecciones que nos brinda la vida. Estas nos ayudarán a superar los obstáculos y debilidades, y así encontrar una solución a esas debilidades. Por nosotros mismos debemos probar la notable precisión y eficiencia de las lecciones que nos da la vida, donde ella es la mejor maestra. La experiencia de haber estado en un estado de depresión en algún momento me ha dado la oportunidad de reflexionar y observar otros problemas en nuestra sociedad.

Variedad de circunstancias por las cuales ocurre la depresión

Una de las formas más peligrosas de depresión es la silenciosa, aquella que los demás no perciben, ya que no es visible a simple vista. Esto se debe a que la persona afectada construye un escudo imaginario para ocultar su estado de ánimo.

En ese estado, donde no se deja ver su problema, uno no puede hacer nada para ayudar, ya que no se da cuenta de la situación. Es ahí donde la persona es muy vulnerable, y donde, al observarla, se ve a una persona fuerte que parece poder con todo. Muchos de estos problemas surgen de las expectativas que cada uno de nosotros tiene sobre cómo queremos que sean nuestras vidas. Hacemos comparaciones con otras personas, tomamos a alguien como referencia y es ahí donde empezamos a generar presión para alcanzar ese objetivo. Es en la adolescencia, muchas veces, donde surgen incertidumbres e inseguridades, en especial en estos tiempos en los que la juventud está cambiando de manera rápida.

Todo sucede de manera vertiginosa, con las modas al día y el consumismo en aumento. Todo se lleva a cabo de manera acelerada, donde también entran en juego la anorexia y la bulimia, ya que están relacionadas con la imagen y el valor que una persona se otorga a sí misma. En un mundo muy competitivo, donde valoramos más a los demás que a nosotros mismos, ya que nos enfocamos en encontrar errores en lugar de destacar las cualidades positivas que poseemos. La mayoría de las personas tienen baja autoestima, se sienten inseguras, insatisfechas y son sensibles a las críticas sobre sí mismas. Tienen dificultad para mostrarse tal como son. Esto puede deberse a diversas razones, como, por ejemplo, la falta de valoración que poseemos de nosotros mismos.

La opinión que tenemos de nuestra personalidad y de nuestras creencias acerca de cómo deberían ser las cosas, se debe a que la sociedad se vuelve cada vez más competitiva. En ocasiones, todos intentamos sabotear nuestra forma de pensar sobre nosotros mismos, percibiendo que no estamos contentos ni conformes con quienes somos. Mi experiencia con la depresión fue frustrante, ya que toda mi vida había llevado una rutina activa y enfrentaba cada situación con determinación, gracias a mi estado físico y mi forma de pensar todo era posible. Sin embargo, viví la traumática experiencia de perder la movilidad en una de mis piernas, lo que me impide caminar.

Ahora solo puedo desplazarme con la ayuda de muletas y tampoco puedo permanecer mucho tiempo de pie. Fue entonces, al principio, cuando mantenía esperanzas porque los médicos me las proporcionaban. No obstante, cada vez que visitaba a uno, todos terminaban diciéndome lo mismo: que no había solución para mi caso. Al final, encontré a un médico especialista único para mi problema, pero él me dijo lo mismo que los otros médicos. Fue durante ese proceso que empecé a caer en depresión.

Fue difícil o, mejor dicho, muy difícil, admitir que debía quedarme quieto y moverme solo cuando fuera necesario. En mi pasado, solía experimentar mucha ansiedad, nerviosismo y nunca encontraba un lugar donde quedarme quieto. Mucho menos me encontrarías escribiendo, era algo que odiaba. Sin embargo, escribir fue uno de los muchos cambios que experimenté. No solo decidí hacerlo, sino también escribir sobre la depresión, porque hay otras personas que se encuentran en estas circunstancias. El simple hecho de poder ayudar a alguien en estado de depresión, al menos al brindarles algunas palabras que puedan servir como un salvavidas o para reflexionar, tiene un gran significado, aunque no lo parezca.

Quisiera que reflexionen y encuentren su propio camino, porque aquel que lucha no está perdido; siempre habrá un camino por tomar. Todo sucede por alguna razón, nada ocurre sin un motivo. Es importante alimentar nuestra autoestima, ya que es la forma en que nos sentimos seguros y también nos permite mostrar un gran sentido de orgullo.

La autoestima es nuestra evaluación personal, un estado positivo que cada individuo posee hacia sí mismo. A través de la evaluación de nuestros pensamientos, sentimientos y experiencias, nos valoramos, nos sentimos orgullosos de nuestra apariencia y nos aceptamos a nosotros mismos, reconociendo tanto nuestras cualidades como nuestros defectos.

En este sentido, la autoestima puede aumentar o disminuir debido a situaciones emocionales, familiares, sociales o laborales, e incluso por nuestra autocrítica, ya sea positiva o negativa.

Las personas con una alta autoestima se caracterizan por tener mucha confianza en sus capacidades. De esta manera, podemos tomar decisiones, asumir riesgos y enfrentar tareas con una alta expectativa de éxito. Esto se debe a que nos vemos a nosotros mismos de manera positiva. A medida que nuestra autoestima crece, nos sentiremos mejor preparados y con mayor capacidad. Estaremos más dispuestos a realizar diversas actividades, tendremos mayor entusiasmo y ganas de compartir con los demás. La autoestima se basa en el valor que una persona se atribuye a sí misma, el cual puede ser modificado con el tiempo y requiere de un conocimiento personal adecuado y aceptación.

Una motivación positiva al enfrentar una tarea específica puede aumentar las probabilidades de éxito y, por lo tanto, la autoestima es importante construirla para salir de una depresión. Aunque pueda parecer contradictorio, si logras superar una depresión, te conocerás más a ti mismo, te valorarás más y te mostrarás tal y como eres sin temor a lo que los demás digan.

Mirar las cosas desde otro punto de vista cambiará tus creencias, te fortalecerá mentalmente y te permitirá confiar en tu subconsciente. Una vez que conozcas la realidad, cambiarás por completo tus creencias. En realidad, será tu verdadero yo, con algunas modificaciones en las que buscarás lo que deseas y anhelas, más allá de que sigas enfrentando algunos problemas que siempre aparecerán en la vida.

Las deserciones y los fracasos pueden seguir ocurriendo, ya que no sé si podrás escapar de ello, pero te convertirás en alguien que los enfrentará de manera diferente. Ya no serás la misma persona que eras antes, habrás aprendido a mirar desde otra perspectiva, a abordarlos con más calma y a razonar de manera distinta. Espero que puedas afrontar este tipo de problemas de otra forma, con más tranquilidad de la que solías hacerlo para ordenar la mente. Y después, muchos te preguntarán: ¿Cómo logras mantener la calma, a pesar de todos tus problemas personales?

¡Simplemente, tengo la conciencia tranquila y el corazón en paz, y eso me hace feliz!

Deja que los demás te juzguen y no te preocupes por sus críticas hacia ti. Resulta que, en la vida, todo está disfrazado y rara vez es lo que parece. Tener experiencia en la depresión no significa que se conozca todo al respecto, ya que existen muchas variantes. Nuestra mente no reacciona de la misma manera ante cada una de ellas, y a veces la persona que la experimenta no busca ayuda porque piensa que no la necesita, cuando en realidad es todo lo contrario.

El ser humano todavía no conoce de verdad lo que su mente es capaz de hacer, lo poderosa que puede llegar a ser. Pero si no sabes utilizarla de manera correcta, debes corregir su forma de pensar mediante el razonamiento, haciéndole entender que también puede equivocarse y ejercitarla, ya sea estudiando o escribiendo.

No puedes dejarla encerrada, de vez en cuando necesita distraerse. Ella no tiene límites en ningún aspecto, puede inclinarse tanto hacia el lado correcto como hacia el incorrecto, y también puedes influenciarla de forma fácil. Muchas veces es corrompida con mentiras, donde eres engañado haciéndote creer que es verdad.

Tu mente es muy valiosa, pero también puede ser muy peligrosa cuando pierde el sentido de orientación. Puede confundirte, fantasear, delirar e incluso puede enloquecerse. Es como tener un barco sin timón, donde puede quedar encallado, y ya ahí será muy difícil de salir. Solo una marea alta de pensamientos muy positivos puede lograr salir de ese estancamiento. Pensar de manera muy positiva puede ayudarte, despertando la voluntad, reaccionando para motivarte a hacer tus sueños realidad. Que nadie te diga lo contrario, es admirable ver a alguien con la voluntad para llevar a cabo algo.

Todos tenemos esa energía extra y es nuestra propia mente la que genera esa energía tan solo con pensamientos positivos. Solo tenemos que saber cómo alimentar ese sueño que sabes que puedes lograr y hacer realidad.

Es un impulso del alma que se incrusta en tus pensamientos, donde se establece un mandato, donde se produce tu voluntad, donde se establece un objetivo. En ese instante, se nota en tu rostro la expresión de satisfacción, solo de pensar en alcanzar ese propósito. ¿Dónde está tu determinación para lograr algo? ¡Solo tú puedes hacerlo!

Cuando te convences por completo, es cuando surge tu fuerza extra que alimenta tu mente. Tu cabeza se llena de pensamientos, cálculos, razonamientos y sueños al mismo tiempo. Todo lo que deseas se convierte en tu voluntad, es la capacidad de controlar y dirigir tus propias acciones. Se trata, por lo tanto, de la habilidad de establecer metas y alcanzar tus objetivos. Es el firme y profundo deseo de lograr algo, entregarte en cuerpo y alma, y aunque te enfrentes a dificultades, sabes que no te vas a rendir en ningún momento.

Todos los obstáculos que encuentres en tu camino los enfrentarás con determinación. Serás como un gran toro acorralado, sin temor alguno y con la fuerza suficiente para superar todos los problemas. Lo tienes claro en tu mente y sabes que nada puede detenerte. ¿Por qué no permitirás que un problema te detenga? Tu mente está tan concentrada que sabes que puedes superarlo de una forma u otra.

La fuerza de voluntad es poder, es la demostración de la fuerza interna que todos poseemos. Es tener un gran deseo interno y esa fuerza mental para controlar tus emociones y sentimientos, lo que hace que tu corazón se conmueva con esa emoción. Es la capacidad de mantener una conducta y sostenerla en el tiempo, e insistir una y otra vez. Tu actitud es tu voluntad y perseverancia.

La constancia y la tenacidad son una combinación de convicción que moldea tu mente y la dirige hacia el lado positivo. Las personas con una gran fuerza de voluntad son capaces de tomar y mantener decisiones de forma firme y voluntaria, sin dudar ni arrepentirse demasiado, y sobre todo, sin rendirse ante las dificultades o barreras que se encuentren en su camino.

Tu mente no solo anhela esa voluntad, sino que también la convierte en un deber, un mandato personal. Tu pensamiento positivo es un esfuerzo de romper barreras, es un «sí se puede», es muchas veces querer de verdad, es un esfuerzo en conjunto, en equipo que forma tu mente. Por eso, nunca te rindas en ningún momento.

En la vida siempre habrá pruebas y errores y es a través de ellos que se obtienen conclusiones. Debes ser perseverante y flexible para cambiar tu forma de pensar si te equivocas, encaminándote hacia lo correcto en ese momento. Nunca será fácil, habrá sudor y lágrimas para lograrlo, pero descubrirás cómo funciona tu mente, cómo alimentarla y educarla. Dejarás de decir que no se puede y empezarás a decir que lo intentarás de una forma u otra.

Libérate de la depresión, escucha tu música favorita

Cuando te sientas mal, cuando parezca que todo está en tu contra, e incluso cuando pienses que nadie te quiere, cuando no entiendas qué te sucede, es normal que te sientas triste y deprimido, incluso cuando discutas con la persona que más amas y luego ni siquiera sepas por qué. Lo que ocurre es que a veces nuestra mente no encuentra una solución a los problemas y se frustra tanto que todo le molesta y se aferra a lo primero que encuentra para buscar un desahogo. En ocasiones, por mucho que busquemos, no encontramos respuestas. Nos preguntamos una y otra vez, pero no entendemos por qué suceden las cosas.

Y otras veces, hay momentos en los que extrañamos a esa persona que ya no está con nosotros, y por más que pasen los años, seguimos añorando a esa persona que tanto amábamos. Aquella que no tiene sustituto, que ya no está con nosotros. Esos momentos destructivos se quedan grabados en nuestra vida de tal manera que nunca los olvidaremos. Esa parte de ti que sabes que nunca volverás a ver, en la que no sentirás sus palabras, su risa, sus consejos. Y sientes un fuerte deseo de abrazarla y expresar eso que a todos les cuesta tanto decir: «Sabes que te quiero muchísimo, con todo mi corazón, y no sé qué haría sin ti». Incluso puedes arrepentirte de no haberle repetido estas palabras muchas veces en varios momentos. Cuando experimentes esa emoción que afecta a todo el mundo, aunque creas que solo te sucede a ti, no es algo exclusivo tuyo.

En algún momento de la vida, todos nos vemos afectados por ella. Solo necesitas estar preparado para ese momento y contrarrestar esa debilidad que todos tenemos, aunque observes a las demás personas que parecen muy duras y fuertes. Cada uno de ellos muestra una fortaleza emocional que parece invulnerable, y no encuentras ninguna debilidad en ellos; parecen tener una mente fuerte y una coraza contra todo. A estas personas no les gusta mostrar su tristeza. Mientras ves su rostro camuflado de fortaleza, en su corazón y en sus pensamientos sufren en soledad y se hieren sin dejar rastro.

Muchos esconden la herida porque no tienen la solución; la ocultan muy en lo profundo de su corazón y la guardan bien escondida en un rincón. No quieren que nadie la toque ni que la vea, incluso temen que alguien se entere de que la tienen ahí. Les da miedo incluso que salga de ese rincón y quiera surgir desde allí porque saben que no podrán lidiar con esa parte de ellos mismos, esa parte que saben que es su propio enemigo. Están seguros de que, una vez que salga al exterior, les causará más dolor y sufrimiento. Por eso, deciden esconderla y mantenerla en silencio. Pero es importante recordar que no hay vergüenza ni debilidad en mostrar las heridas que llevamos dentro. Todos tenemos aspectos de nosotros mismos que nos duelen y nos resulta difícil aceptar y enfrentar.

Sin embargo, solo a través del coraje de enfrentar nuestra propia oscuridad podemos sanar y crecer como personas. No temas mostrar tus heridas, no te avergüences de tus debilidades. Enfréntate a aquello que te lastima, busca ayuda y apoyo si lo necesitas. Recuerda que eres más fuerte de lo que crees y, con amor y comprensión hacia ti mismo, podrás superar cualquier adversidad. Hay momentos en los que tu mente puede bloquearse por completo.

Todos tenemos esos días en los que parece que todo se confabula para amargarnos la vida, pero en realidad, a menudo somos nosotros mismos quienes nos saboteamos. Es el momento de sacar esa otra parte de ti, esos soldados que son tus emociones positivas, tu alegría y felicidad.

Aunque sepas que están ahí, a veces no sabes cómo sacarlas ni cómo luchar contra ti mismo y contra esas emociones de tristeza, amargura y soledad. No te escondas, no guardes tus heridas en un rincón oscuro. Permite que la luz entre en tu corazón y dale la oportunidad de sanar y recuperarse de una herida, porque mereces vivir una vida plena y feliz. Ese día, cuando debes tener la llave de tu corazón y enfrentar la depresión con tu arma, es cuando debes poner esa música que te alegra y subirla al máximo volumen. Deja que brote esa alegría y suelta un grito mientras cantas esa gran canción, tu favorita de todas. Ya sabes cuál es, aquella que, si la pones a todo volumen, te conmueve hasta el alma y no te importa que los demás te miren.

Extrae esa gran emoción que nadie más sabe cómo fluye y cómo solo esa música puede lograrlo. Ahí es donde debes liberar esa emoción que llevas dentro.

Busca en lo más profundo y deja que fluya esa gran alegría que está atrapada en tus sentimientos. A veces, podemos tener problemas con la ansiedad, pero no te preocupes más de lo necesario. Disfruta del momento y de la vida misma. Muchas veces nos preocupamos por cosas que aún no han sucedido y no sabemos si sucederán como pensamos. Puedes creer que tu felicidad depende de saber qué sucederá, pero eso provoca ansiedad al anticiparte a lo que vendrá. Es difícil imaginar algo diferente porque tu mente no te permite cambiar ese pensamiento. Parece ser tu obsesión, te obligas a pensar de esa manera, donde somos guiados por lo que nos atrae. Te vuelves muy impaciente todo el tiempo por el resultado de las cosas y a menudo deseas cambiar tu forma de pensar.

Aquello que pasa por tu cabeza lo cambias al instante si te distraes, de modo que en un abrir y cerrar de ojos, estás pensando en lo mismo de nuevo. Llega la noche y tu mente no encuentra descanso, calculas las cosas de diferentes maneras y analizas las situaciones que podrían salir mal. Muchas veces te preguntas: «¿Qué haré mañana con esto?». «Hago eso y después aquello», y al llegar al día siguiente, ese problema muchas veces no es tan complicado como parecía. Resulta ser más sencillo de lo que parecía, o, todo lo contrario, resulta que todo lo que pensaste fue en vano y el problema está en otro lugar. Nunca se te ocurrió mirarlo desde otro punto de vista, donde perdiste tiempo razonando demasiado pronto y fue ansiedad y nerviosismo en vano.

Lograr alcanzar la felicidad de esa manera es muy difícil, es complicado ser feliz con esa ansiedad; debes ser capaz de cambiar tu forma de pensar y detener ese sentimiento. Porque, aunque no te des cuenta, de esa manera siempre parecerás nervioso y frustrado. En realidad, es mucho más importante lograr ser feliz y disfrutar de cada momento de tu vida. De manera frecuente, las cosas ocurren de la misma forma, aunque no nos agrade, porque por más que lo deseemos, muchas de las veces continuarán ocurriendo, de una manera u otra. A menudo no podemos controlar nuestro destino, existen situaciones que deben suceder.

No te preocupes por lo que pueda ocurrir, porque aún no ha sucedido. Puede haber situaciones que se alineen con tus pensamientos, pero otras no lo harán. De manera simple busca lo que deseas para satisfacer tus pensamientos y sé feliz a tu manera en ese momento. Busca la simplicidad en tus pensamientos, no busques problemas donde no los hay.

Si no logras encontrar la felicidad y no intentas controlar tu ansiedad, terminarás enfrentando problemas de forma constante. Además, no podrás controlar tus nervios, lo que podría llevarte a enfermar. De esa manera, caminarás malhumorado, agotado por tanto pensar, y tu rostro lo reflejará todo. Te amargarás muchas veces por cosas que aún no han ocurrido, quizás muchas de ellas nunca sucederán. Estas preocupaciones a menudo son muy restrictivas. Si en realidad deseas ser feliz en tu vida, cambia tu forma de pensar y enfrenta los desafíos. En lugar de preocuparte por lo que podría suceder, concéntrate en el presente y en las cosas que puedes controlar. Acepta que no puedes prever el futuro y deja de invertir energía en preocupaciones innecesarias.

En lugar de preocuparte, cultiva una actitud positiva y enfócate en encontrar soluciones a los problemas reales que puedan surgir. Recuerda siempre que la felicidad se construye día a día y depende en gran medida de nuestra actitud y perspectiva de vida. Así que, ¡cambia tus pensamientos y transforma tu vida en una llena de alegría y bienestar! Hay cosas que debes cambiar, ya que esa será la forma de avanzar. También debes encontrar una manera de reducir las revoluciones en tus pensamientos, ya que tu mente va más rápido de lo normal. Si no disminuyes el ritmo, tarde o temprano tu cuerpo colapsará. No será capaz de soportar tanta presión. Por eso, cuando puedas, aprovecha solo las oportunidades que te brinda la vida, no las pierdas por estar apurado y ansioso. Date la oportunidad de aprender a frenar en el momento preciso y acelerar cuando sea necesario. La vida siempre tiene sorpresas en los lugares y momentos menos pensados.

Para ser feliz, disfruta cada momento, ya que todos son únicos e irrepetibles. Si reconoces tu camino hacia la felicidad, no lo sueltes, y no te rindas ante la primera dificultad. A veces no podrás elegir; solo hay una cosa que te hace feliz, y nunca serán las mismas cosas que los demás desean. Habrá momentos en los que sientas que no puedes resistir la presión, te sentirás sin salida, sin un camino que tomar. Estos serán momentos confusos, pero solo tú sabrás y entenderás que, así como muchas cosas a veces se van, otras vuelven. Por algo algunas personas se van y luego otras llegarán. Habrá innumerables momentos como ese en tu vida que se grabarán en tu mente como una experiencia. En los momentos de crisis, no significa que estés derrotado, sino que has superado otra etapa en tu vida y después vendrá una muy diferente.

A medida que pasen los años, entenderás por qué ocurren las cosas y deberás apreciar cada logro obtenido más que las opiniones de los demás. No importa lo que hagas, ni si a los demás les agrada tus gustos o decisiones. Esto no significa que estés equivocado en tu criterio, simplemente que los gustos de cada persona son muy diferentes. Todo lo que logras en tu vida, cada victoria tuya es una batalla ganada. Y ese logro que conseguiste, solo tú sabes lo que te costó, y todo lo que cuesta seguir adelante será como tu gran tesoro personal, porque solo tú podrás comprender el sacrificio que hiciste por ello. Por eso, debes valorar aún más todo lo que has logrado. Nunca escuches a las personas negativas con sus malos criterios, ya que la mayoría solo busca defectos en tus logros.

En esos momentos de críticas de otras personas, aunque no lo desees, nuestros pensamientos pueden volverse muy autodestructivos en muchas ocasiones. Solo tú debes tener tus gustos claros en todo lo que hagas y tranquilizar tu mente, ya que muchas veces esta es muy ansiosa y en esos momentos no comprendemos que hay cosas que requieren su tiempo. Es cierto que es importante ser responsable y buscar el camino correcto, pero también es crucial encontrar la felicidad en cada momento de tu vida. Si no lo haces, te convertirás en una persona amargada y no podrás disfrutar de tus logros ya que te preocuparás de manera constante por lo próximo. Tu alma estará estresada y no podrás disfrutar de la vida y tus victorias.

Controlar tu ansiedad es difícil, pero si cambias tu perspectiva de la vida podrás lograrlo. Sí, es fácil decirlo y difícil controlar algo que ya forma parte de ti. Será otra cosa más que tendremos que controlar, desviando nuestra atención de vez en cuando y recargando energías para seguir adelante. De lo contrario, no disfrutarás tus victorias como deberías.

Hay que tratar de combinar la ansiedad con la felicidad y la tranquilidad, y tener muy claro que hay cosas que van a suceder, hagamos lo que hagamos. Lo más importante es siempre seguir adelante, pase lo que pase. De una forma u otra, siempre hay una solución y siempre habrá obstáculos en la vida que superar, guste o no. Por eso, es importante disfrutar cuando las cosas van bien, porque los momentos difíciles llegarán por sí solos. Por eso, no te pongas ansioso, detente un poco y disfruta más de la vida.

La historia de un niño que se anima a superar su depresión

Esta es la historia de un niño que, con su fantasía y creatividad, busca superarse y evita caer en la autodestrucción causada por su depresión, ya que los demás lo menospreciaban y lo aislaban. Para lograrlo, busca en su mente la forma de aliviar su sufrimiento y aumentar su autoestima. Ese niño, cuando era muy pequeño, tuvo que quedarse solo debido a que era diferente a los demás y su familia era muy pobre. Pasaba todo el día solo porque sus abuelos, quienes vivían con él, estaban trabajando. Ellos eran los encargados de cuidarlo, mientras que todos sus vecinos tenían familias muy acomodadas en el sentido de que tenían mucho dinero.

En aquel lugar, los hijos de los vecinos se sentían seguros de sí mismos debido a la riqueza de su familia, lo cual los hacía parecer muy importantes. En cambio, a ese niño pobre lo miraban de manera distinta, lo menospreciaban y lo trataban mal. Sentía que lo provocaban para que se marchara, que no lo querían a su lado, lo intimidaban y lo insultaban. Por eso, él no iba a jugar a sus casas y se mantenía apartado del resto de los niños. Así, le tocaba pasar solo todo el tiempo y sin juguete.

Por supuesto, sin amigos, se deprimía y lloraba por los rincones. Sentía que nadie lo quería, hasta que dijo basta y decidió buscar una forma de divertirse. Sabía que había otra forma de salir adelante y era jugando al juego que jugaban los demás niños. La diferencia era que los otros niños eran varios y tenían muchas cajas llenas de juguetes. El asunto es que los padres de esos niños siempre les compraban cosas, mientras que él no tenía amigos ni juguetes, así que tenía que inventar algún juego con lo que encontrara a su alcance antes de sentir lástima por sí mismo y caer en depresión. Para evitar la depresión y elevar su autoestima y ánimo, debía encontrar algo de alegría en su vida, tenía que dejar volar su mente y ser creativo, tenía que imaginar dibujos en su cabeza e intentar plasmarlos en la vida real.

Con su imaginación, se convencía de que era en realidad posible y dejaba volar su mente con toda su creatividad, más allá de la realidad. Pensaba en un coche y lo visualizaba con una pequeña caja de fósforos vacía que encontró tirada afuera de la cocina, la misma que se había caído del cubo de basura. De esta manera, en su mente, creaba su propio coche de colección, incluso con la marca de automóvil; no sería ni un Mercedes ni un Fiat, la marca sería Victoria. Algo que los otros niños no alcanzarían a entender. Luego, con ese pedazo de madera que era un recorte de carpintería destinado a ser quemado, tenía su camioncito.

Después, tenía su máquina de guerra, su tanque, que sería ese caracol que se encontraba entre las plantas. Además, tenía una infantería donde esos soldaditos serían más pequeños, pero incluso se moverían por sus propios medios y aún más rápido. Esos soldaditos serían las hormigas, donde tenía dos uniformes, uno negro y otro rojo (las hormigas rojas y negras). Ahora él tenía ese juego que los otros niños jugaban, e incluso era mucho mejor, y con esa imaginación ya era feliz. Ahí liberaba esa angustia y su imaginación volaba, siguiendo ese sendero de hormigas (que se convertía en una carretera) hasta el hormiguero (el fuerte). Ahí él colocaba un caracol (el tanque de guerra), y ahí estaba su película, la cual nadie había visto y nadie conocerá.

Era su historia, aquella que solo él conocería, y no habría nadie que criticara su relato, su rostro se iluminaba y su expresión cambiaba. En ese juego, los soldados intentaban atacar a su tanque (un caracol), mientras que esos soldados eran hormigas de ese hormiguero (de ese fuerte). Su tanque les lanzaba espuma y los dejaba casi inmóviles. Hubo un momento en el cual su tanque logró retirarse por sus propios medios.

Después, salió con su camión recorriendo la carretera y llevaba un helicóptero cargado en él. Resulta que había un alguacil muerto contra el vidrio de su ventana, que resultó ser ahora su helicóptero. Ese helicóptero (ese alguacil) fue transportado hasta la puerta del fuerte (el hormiguero), donde los soldados, llamados hormigas, lo desarmarían para poder ingresarlo a su fuerte. Los soldados comenzaron a trabajar muy rápido; algunos le quitaron las alas y otros le quitaron las patas, para luego, y cargando sobre sus hombros, las llevarían hasta su guarida.

Y ese auto de colección (la caja de fósforos), donde colocó a un conductor (una hormiga loca), se dirigiría muy rápido hacia el hormiguero (el fuerte), y ahí liberaría a ese soldado muy diferente a los demás (esa pequeña hormiguita muy especial), para que con su velocidad pudiera escapar de manera rápida de la frontera, porque ese soldado (la hormiga loca) corre muy rápido y, ese sería su «Rambo».

Fue el juego imaginario que este niño supo jugar con habilidad, se creó toda una película. Si alguna vez te sientes solo, sientes que todo está en tu contra, estás deprimido y te sientes abandonado, piensa que si un niño, alguien sin experiencia, logró encontrar la forma de salir de la soledad y la discriminación y con su mente consiguió evitar caer en una depresión, tú también podrás, sin lugar a duda. En realidad, no precisamos mucho para salir. No debes tener lo que otros tienen, tú puedes tener lo tuyo, lo verdadero. Hay muchas formas de salir adelante. ¡Sigue adelante, si él pudo, tú puedes!

Siempre hay alguien en el mundo que la está pasando mal, que se encuentra con una depresión o está muy triste. Lucha tu lucha, no te rindas nunca. Tienes muchas fuerzas ocultas que todavía no conoces. Sé tú, acepta tu persona, sé feliz. Demos el primer paso hacia la felicidad en este momento, es algo que funciona prácticamente para todo el mundo, un momento de alegría. Así que vamos a poner esa música, tu canción favorita en este momento, utilizando lo que tengas a mano para escucharla, y cántala con tu propia voz, sin vergüenza alguna. Deja que tu cuerpo se mueva con su ritmo, deja que esa energía de felicidad brote.

Disfruta del momento, sin importar las críticas. ¡Para que, en ese instante, tu corazón estalle de felicidad!

Reflexiona y actúa antes de que se convierta en un problema mayor. Tu subconsciente puede ser de ayuda si lo abordas con calma y entiendes que nada es para siempre, tarde o temprano acaba.

Disfruta de la vida y comprende que todo pasará; debemos aprender que la voluntad mueve montañas, y por eso, adiós a la depresión.

Epílogo

Se revela la esencia de la depresión, una amalgama de decepciones, fracasos, engaños, pérdidas y enfermedades. Se destaca la resistencia de la mente a aceptar la realidad y la reticencia a reconocer lo que está sucediendo. Con un tono alentador, se invita a contrarrestar este creciente problema en la humanidad, enfatizando la importancia de dejar atrás lo irremediable. Se subraya la búsqueda de la felicidad como la auténtica solución a los desafíos que la vida nos presenta.

www.ingramcontent.com/pod-product-compliance
Lightning Source LLC
LaVergne TN
LVHW010122170826
845678LV00012B/2543